LES

MILLE CHEVAUX DE BERNE

RAPPORT

DE

F. QUIVOGNE,

VÉTÉRINAIRE A LYON

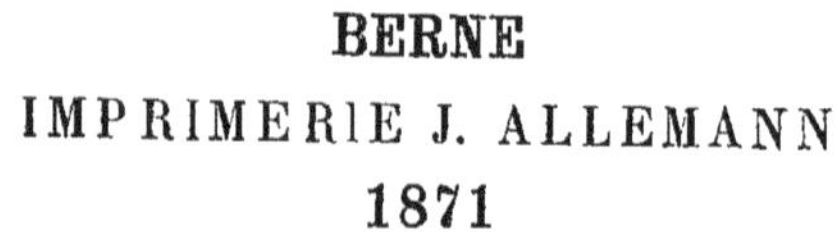

BERNE
IMPRIMERIE J. ALLEMANN
1871

*
* *

Dans le courant de la première semaine de Décembre dernier, le Comité d'Artillerie départementale du Rhône, me fit l'honneur de me convoquer à une de ses séances, afin d'avoir mon opinion sur les conditions dans lesquelles pourrait s'effectuer un marché de mille chevaux, qui lui était proposé à Berne (Suisse), et qu'il était dans l'intention de traiter immédiatement. M. Fournier, vétérinaire à Lyon, aussi convoqué à cette séance, n'y assistait pas. Le Comité passa outre; et, après m'avoir communiqué les prix et les conditions qui lui étaient posés, il resta convenu que je lui soumettrais le plus-tôt possible, un projet de marché à intervenir, sur les bases arrêtées après discussion. Je m'engageai, non seulement à fournir ce petit travail, mais encore à le soumettre à l'appréciation de M. Fournier, avant de le remettre au Comité. C'est ce que je fis le lendemain; et, après avoir reçu la complète approbation de M. Fournier, nous nous rendîmes ensemble au domicile de M. Ferrouillat, Président du Comité, entre les mains duquel nous laissâmes le sus-dit projet. Nouvelle invitation nous fût faite d'assister à la séance du Comité le lendemain, à laquelle nous nous rendîmes, M. Fournier et moi. La proportion des chevaux de trait et de selle fût établie dans cette séance; les prix limites de ces chevaux furent fixés: les premiers à 670 fr., les seconds à 770 fr., rendus à Genève, si ma mémoire ne me fait défaut. M. Ferrouillat inscrivit les prix sus-dits, de sa main, dans les espaces correspondants, laissés en blanc dans le projet de traité. Le Comité désirait que la conclusion de ce marché eut lieu immédiatement, et nous demandait, à cette séance, de partir, de suite, M. Fournier et moi, pour Berne. Prière nous fut faite de nous rendre, séance tenante, près de M. le Secrétaire général de la Préfecture du Rhône, afin de lui soumettre la décision du Comité, et de prendre ses instructions pour accomplir la mission qui nous était demandée. M. le Secrétaire général nous répondît que la mission provoquée par le Comité ferait double emploi ; car, nous dit-il, M. le Préfet du Rhône avait envoyé, depuis peu de jours, en Suisse, des délégués chargés, par lui, de traiter précisément un marché de mille chevaux, lequel marché était à la veille d'aboutir. Nous rendîmes compte, séance tenante, du résultat de notre démarche; et le Comité décida, que l'on attendrait le résultat de la mission des délégués de M. le préfet du Rhône. Nouveau rendez-vous nous fut donné pour le mardi, 13 Décembre, au Comité, par M. Ferrouillat. Je m'y trouvai seul; M. Fournier, ce jour là, était absent de Lyon, pour des motifs que j'exposerai plus loin. A ce rendez-vous, M. Ferrouillat me remît une lettre que je devais présenter, de suite, à M. le Secrétaire général, et dans laquelle il le priait, de le renseigner d'une manière précise sur l'issue de la mission, en Suisse, de Messieurs les délégués du préfet; et sur la question de savoir si le Comité devait poursuivre son projet d'y envoyer les siens.

Après avoir pris connaissance de la lettre de M. Ferrouillat, M. le Secrétaire général me répondît que le marché de mille chevaux allait, immédiatement, se conclure, à Berne, par Messieurs les délégués de l'administration. Il télégraphia, en effet, en ma présence, à M. Dorlhiac, qu'il était autorisé à conclure ce marché dont : 700 chevaux de trait et 300 chevaux de selle, à raison de 580 fr. l'un, et rendus à Bellegarde. Ce chiffre de 300 chevaux de selle me permît d'observer à M. le Secrétaire général que ce n'était pas la proporton indiquée par le Comité d'artillerie ; et je lui demandai si cet achat était bien destiné à l'organisation des batteries départementales. Il me fût répondu que ces chevaux serviraient, d'abord, à compléter l'organisation des légions de marche, et que l'on aviserait, ensuite, si les chevaux restants ne suffisaient pas aux batteries départementales. La différence entre les prix fixés par le Comité et ceux arrêtés par Messieurs les délégués du préfet, m'avait permis de faire cette demande. Je n'avais le droit de faire aucune observation, et je n'en fis pas.

M. le Secrétaire général me pria de vouloir bien prendre mes mesures pour me rendre, immédiatement, à Berne, afin de procéder à la visite des mille chevaux achetés par Messieurs les délégués. Il désirait que mon départ eut lieu dans la soirée. La chose m'était impossible, et je ne promis de partir que le lendemain matin.

Tenant essentiellement à n'assumer aucune responsabilité dans cette affaire, M. le Secrétaire général, à l'observation que je lui adressai, à ce sujet, me répondît et me donna même **l'ordre**: *de ne m'occuper absolument en rien, ni des prix, ni des autres conditions spéciales relatives au marché,* pour lequel Messieurs les délégués étaient, seuls, chargés de pleins pouvoirs. *Ma mission, ajouta-t-il, devait strictement se limiter à la visite de réception des chevaux qui me seraient présentés; et, cela, après avoir pris les instructions et les ordres de Messieurs les délégués du Préfet, à ce sujet.*

M. le Secrétaire général m'avertît qu'il était question de faire cette livraison en douze jours. Pareille tâche me paraissait lourde; et, pour diverses raisons que j'avais déjà exposées au Comité, je manifestai le désir d'être accompagné d'un confrère agissant de concert avec moi dans cette circonstance. Je proposai de m'adjoindre M. Fournier, que des circonstances récentes avait rapproché de moi, et auquel j'étais heureux de donner cette marque de sympathie confraternelle, — de laquelle je devais être si bien payé quelqnes jours après —. M. le Secrétaire général y consentit, sans observations; et il fit immédiatement rédiger nos deux réquisitions de chemins de fer pour le départ du lendemain matin. Ignorant complètement que M. Fournier fût absent de Lyon, je me rendis, moi-même, dans la soirée, à son domicile, afin de lui remettre sa réquisition, et de lui exposer le but de notre mission. C'est alors, seulement, que j'appris son absence; mais sans aucuns détails. Sa dame m'annonça, simplement, qu'il ne pourrait partir, avec moi, le lendemain matin; mais qu'il irait me rejoindre à Berne aussitôt après son arrivée.

Là, finit la première partie, où pour être plus exact, le prologue de l'intrigue dans laquelle j'étais appelé, sans m'en douter; à jouer un rôle important; et de laquelle je vais et je dois exposer toutes les phases avec détail. Ici commence, en même temps, pour moi, la mission à propos de laquelle et autour de laquelle quelques personnalités que j'empoignerai tout à l'heure, ont essayé et essayent encore, sans doute, de faire tant de bruit.

Après avoir communiqué immédiatement à M. Ferrouillat la situation qui m'avait été indiqnée par M. le Secrétaire général et lui avoir annoncé l'ordre qui m'était donné de partir le lendemain matin, avec M. Fournier, pour Berne, je me rendis à mon domicile pour me préparer à ce départ qui devait, hélas! se prolonger d'une façon si inattendue pour moi.

Je quittai donc seul, Lyon, le mardi matin, 14 Décembre, par l'express de six heures; et j'arrivai à Berne, le même jour, à 4 heures 25 du soir, où je rencontrai à la gare Messieurs les délégués du préfet, prévenus de mon arrivée.

Après avoir annoncé à ces messieurs l'arrivée probable de M. Fourrnier, pour le lendemain, je me mis immédiatement en rapport avec eux, selon les instructions qui m'avaient été données par M. le Secrétaire général.

M. Dorlhiac m'annonça, de suite, qu'il avait définitivement traité le marché de mille chevaux; et cela, non pas à 580 fr. en moyenne par tête, comme on l'avait autorisé à le faire, mais à 530 fr. l'un, dont 300 chevaux de selle et 700 chevaux de trait, rendus à Bellegarde. Il ne restait plus, me dit-il, qu'à régler quelques questions de détails relatives aux conditions de paiements.

Je fus, en effet, averti le lendemain, à midi, et sans être encore sorti de l'hôtel, que le contrat venait d'être définitivement accepté et signé, d'un commun accord, par M. Serviant, négociant à Lyon, rue St-Pierre 31, comme acheteur, et Messieurs Stucki & Kammermann, de Berne, comme vendeurs.

Je visitai, immédiatement après, en compagnie des délégués, les différents types de chevaux qu'ils étaient convenus d'acheter; et je pris note de la proportion, qui m'avait été déjà signalée à Lyon, en chevaux de selle et en chevaux de trait. Après examen de ces types, et la connaissance du prix payé, je fis observer à Messieurs les délégués qu'il ne s'agissait probablement pas de destiner ces chevaux à la remonte des batteries départementales; car, les prix qui avaient été admis par le Comité d'artillerie, en ma présence, impliquaient, certainement, des qualités supérieures à celles que j'allais être appelé à recevoir. Messieurs les délégués me répondirent qu'il s'agissait, en effet, de la remonte des légions de marche; qu'il fallait surtout accepter les chevaux susceptibles d'entrer immédiatement en campagne. Ces messieurs ajoutèrent, qu'au prix intervenu entre eux et les vendeurs, il ne serait pas équitable d'exiger des chevaux de belle qualité; et que, dans nos opérations ultérieures, nous devions tenir compte de ces diverses observations.

Toutes ces remarques me parurent parfaitement justes, Je n'avais pas à discuter sur la valeur et l'opportunité d'un marché conclu;

duquel je ne devais et ne voulais pas m'occuper. On m'eut délégué à Berne pour visiter et recevoir des chevaux achetés à raison de 25 fr. l'un, que j'eusse procédé absolument de la même façon.

Mais, en tous cas, j'aurais tenu à mettre ma responsabilité, *toute et rien que médicale*, à couvert. C'est ce que je fis ici, en déclarant, de suite, à Messieurs les délégués, qu'en tout cas, et en toute circonstance, il restait parfaitement entendu que toute observation me serait, immédiatement, adressée de Lyon, dans le cas où les chevaux seraient trouvés insuffisants; et que des ordres me seraient immédiatement transmis pour changer les instructions qui m'étaient données, si la chose paraissait nécessaire.

Une fois tous ces points parfaitement établis, et les diverses instructions relatives aux expéditions bien arrêtées, ces messieurs quittèrent Berne et je restai seul jusqu'à l'arrivée de M. Fournier, qui eut lieu quelques heures après.

Ainsi que je l'ai dit précédemment, M. Fournier était absent de Lyon le jour où M. le Secrétaire général le désigna pour se reudre à Berne avec moi. Il n'avait donc assisté ni à ma dernière entrevue avec M. Ferrouillat, ni aux explications qui m'avaient été données par M. le secrétaire général. Il avait dû quitter Lyon presqu'aussitôt après son arrivée, et ignorait conséquemment dans quelles conditions et, *pour quel marché de mille chevaux*, il se reudait à Berne. Cette nuance dans sa situation a une importance capitale pour moi. Je ne fais que la signaler ici, me réservant de la détailler dans un moment, lorsque j'empoignerai mon homme et que je le tiendrai face à face.

Aussitôt après son arrivée, je fis part à M. Fournier des conditions dans lesquelles nous étions délégués a Berne; du marché intervenu; du rôle qui nous était strictement imposé dans cette affaire; et des diverses instructions auxquelles nous devions nous soumettre. C'est à ce moment que M. Fournier me témoigna son étonnement, d'être délégué pour la remonte des légions de marche. Il n'y avait qu'un pas pour arriver, de là, au mécontentement. Et mon très loyal con frère le franchit vite. C'est alors qu'il m'annonça, d'une façon très obscure alors, mais aujourd'hui très claire pour moi, le motif et la cause de son absence de Lyon, le jour qui avait précédé mon départ. Je souligne simplement ce fait et me contente de poser ce nouveau jalon pour guider le lecteur. Le moment de discuter avec M. Fournier n'est pas encore venu.

Après ces diverses explications, M. Fournier prit connaissance du marché intervenu entre les vendeurs et les délégués de M. le Préfet du Rhône. Tout ceci fait sans observations, ni discussions, nous avertîmes les vendeurs que nous étions prêts à procéder à nos opérations d'examens, qui commencèrent immédiatement

Nous acceptâmes ensemble, d'un commun accord et sans l'ombre d'une discussion, **trois cent quarante sept chevaux,** dont le n° matricule, l'âge et le signalement, **sont inscrits de la main même de M. Fournier sur mon carnet.** Cette acceptation de 347 chevaux avait duré jusqu'au 24 Décembre au soir. Pendant tout ce temps, le plus parfait accord n'avait cessé de régner entre M. Fournier et moi. Mais il avait décidé que sa tâche et la mission qu'il avait acceptées, devaient s'arrêter là; car, le lendemain, 25 Décembre, jour de Noël, il quittait Berne, comme il méritait de le quitter, et comme je l'indiquerai tout à l'heure, car je veux lui laisser encore quelques minutes de répit.

Par mes dépêches du 26 Décembre, à 8 heures du matin, j'avertis immédiatement, l'administration du département du Rhône, en même temps que ses délégués, de la situation nouvelle qui venait de m'être faite. Le même jour, je recevais dans la soirée une dépêche de M. le préfet du Rhône qui m'ordonnait de « **continuer seul et vite** » mes opérations.

Trois convois de chevaux étaient, à ce moment, partis de Berne, en présence de M. Fournier, et rendus à Lyon. Cette dépêche, qui m'intimait un nouvel ordre, en régularisant la situation que le départ de M. Fournier venait de me créer d'une façon si inattendue, ne renfermait aucune observation, pas un signe de mécontentement, pas l'ombre de nouvelles instructions sur mes nouvelles opérations. Elle était aussi simple, aussi nette que laconique : Préfet du Rhône à Quivogne: — **continuez seul et vite.**

Mon devoir était d'exécuter cet ordre aussi strictement que les précédents. C'est dire que je fis mon devoir. Je repris avec ardeur la double tâche qui m'incombait ; et, le lendemain, 27 Décembre, je présidais à l'expédition d'un nouvel envoi de 137 chevaux, tout en avertissant l'administration du département du Rhône et ses délégués de cette nouvelle expédition.

C'est à ce moment que la lourde tâche de mes examens de réception se compliqua d'incidents qui pouvaient devenir très-grâves, d'un moment à l'autre, pour l'exécution du marché, et desquels, par lettre et par dépêches, je prévîns l'administration et ses représentants dans cette affaire.

Je me crois obligé de m'arrêter un instant sur ces faits ; car s'ils sont incontestablement ignorés de ceux qui paraissent éprouver tant de joie à m'accuser, ils me semblent parfaitement oubliés par l'administration. Eclairons les uns et réveillons la mémoire des autres. —

Le mouvement considérable de chevaux qui s'opérait ici depuis quelque temps, soit pour alimenter la remonte de Chambéry, soit pour l'exécution du marché auquel je me trouvais mêlé, avait éveillé les susceptibilités ombrageuses des agents prussiens à Berne. Les députés de la Chambre nationale et de la Chambre des Etats étaient alors en session. Les plaintes de la Prusse se succédaient presque journellement et devenaient de plus en plus impératives, relativement à la sortie des chevaux du territoire fédéral. Tous les efforts tendaient à transformer cette sortie en une violation de la neutralité Suisse. Il fallait donc se tenir sur ses gardes, agir prudemment et ne compromettre en rien les sympathies de toutes sortes que cette *grande* petite République n'a cessé de témoigner et témoigne encore tous les jours à sa malheureuse sœur qui agonîse, et qui est ma patrie !

J'étais seul et bien seul, au milieu de cette bonne et brâve ville de Berne où j'ai rencontré une hospitalité et des sympathies que je n'oublierai pas, et qui me compenseront largement des basses et viles calomnies qui m'étaient réservées dans mon propre pays.

J'avais été assez heureux pour lier connaissance avec quelques députés de l'une et l'autre Chambre, que j'avais occasion de rencontrer fréquemment, et par l'organe desquels j'étais renseigné, en quelque sorte, jour par jour, sur la marche et la grâvité de l'incident. C'est à leur conseil que je dûs de pouvoir terminer ma tâche sans encombres pour la Confédération et pour nous. Je les remerciai chaleureusement alors ; et je me fais nn devoir de les remercier une seconde fois et publiquement, ici, de toutes leurs sympathies pour une cause peut-être perdue, mais qu'ils savaient juste et toute patriotique.

C'est dans ces conditions que mes opérations se continuèrent.

Les préliminaires du marché des mille chevaux s'étaient opérés avec peut-être trop de bruit et trop d'éclat pour la circonstance. Je n'y assistais pas ; mais j'en fus prévenu, en même temps que l'on m'avertissait d'entourer les opérations d'examen et d'expédition du moins de bruit possible. Il fut donc décidé que les chevaux seraient examinés hors de la ville. Le lieu choisi et accepté fut une auberge située à 4 ou 5 kilomètres de Berne, sur la route de Fribourg.

C'est là, en pleine campagne, sans abri pour mes opérations; par un hiver extraordinaire, même pour ces contrées, qui, cependant, en voient de si beaux; c'est là que, plongé de toutes parts dans un véritable déluge de neige et par une température que Lyon, je le sais, a pu apprécier; c'est là, qu'au milieu d'un public venu pour la circonstance et dont j'ignorais, malheureusement, encore plus la langue qu'il ne connaissait la mienne; c'est là, dis-je, que je dûs, de 8 ou 9 heures du matin jusqu'à 5 ou 6 heures du soir, accomplir la tâche que l'on m'ordonnait de continuer. C'est dans de pareilles conditions que, ne pensant qu'au devoir accompli, j'épuisais mes forces et ma santé, pendant que quelques lâches et sinistres-citoyens ourdissaient, peut-être déjà, à la douce chaleur des antichambres du Préfet, leurs machinations infâmes contre moi!

Il avait été convenu, entre Messieurs les délégués du Préfet et les vendeurs, que les chevaux acceptés seraient transportés directement de Berne, dans des wagons de la compagnie de Paris à Lyon. Ces wagons n'arrivèrent pas, et je prévins l'administration par mes dépêches du 19, 20, 21 Décembre, de l'embarras provoqué par cet état de choses, qui obligeait les vendeurs de garder et de nourrir dans leurs écuries, un nombre considérable de chevaux qu'ils demandaient à expédier. Cependant, M. le préfet du Rhône me télégraphiait, à la date du 17 Décembre, que tout était arrêté pour l'expédition de ces wagons; et, après s'être renseignée, comme elle a l'habitude de le faire, la même administration me télégraphiait, à la date du 20, même mois, que dix wagons P. L. M. étaient partis de Lyon pour Berne. Mais ces wagons n'arrivèrent pas! Et c'est au milieu des reproches et des récriminations incessantes et justifiées, je l'avoue, des vendeurs, qu'après avoir fait connaître le véritable état de la situation, il me fut ordonné d'expédier vite et d'urgence, dans des wagons suisses. L'œil perspicace de l'administration du département du Rhône avait mis tout ce temps pour découvrir cette idée lumineuse, que l'on m'ordonnait d'exécuter et que je fis exécuter d'urgence, immédiatement.

Après toutes les tracasseries incessantes que je dûs supporter au sujet des wagons promis et qui n'arrivaient pas, il me fallût ensuite calmer les impatiences et le mécontentement, non moins incessants des vendeurs, au sujet des paiements qui, me disaient-ils, ne s'effectuaient pas avec toute la régularité promise. Voilà, avec les explications qui précèdent, la situation qui me fût faite, ici, jusqu'à la fin de Décembre.

Le premier jour de l'an était arrivé. Après quinze jours de fatigues et d'ennui, que mon récit aura, je l'espère, fait préssentir au lecteur, j'éprouvais le désir bien justifié, je crois, d'embrasser, ce jour-là, ma femme et mon enfant, que j'avais laissés seuls à Lyon. Je prévins l'administration de ce désir, par ma lettre du 26 décembre à M. le Secrétaire général. Sans avoir reçu de réponse à cette lettre, je me crûs antorisé à prendre ces deux jours, que je n'appellerai pas de repos, mais de bonheur. J'étais prêt à me rendre à Lyon, lorsque je fus prévenu qu'il n'y avait pas de temps à perdre pour les expéditions à effectuer. Je télégraphiai à ma famille de se rendre à Genève, ce jour-là, afin de me faire perdre moins de temps. C'est ce qui fut fait. Et, le 2 janvier, je télégraphiais encore à l'administration que: vu la situation pressante qui nous était faite, je rentrais le soir même à Berne, pour achever rapidement.

Espérant que ma tâche allait bientôt être terminée, surtout aprés la dépêche **visée** de M. Dorlhiac, délégué du Préfet, et datée de Lyon le 3 janvier 11 heures du matin. [1] J'avais jugé à propos de ramener avec moi à Berne ma petite famille. C'est dans cette conviction intime que je repris mon pénible travail; et qu'après avoir prévenu, le 5 janvier au matin, l'administration, d'une nouvelle expédition de 114 chevanx, je l'avertissais, le lendemain 6, d'un nouveau départ de 97 chevaux, en lui disant que tout serait terminé pour la fin de la semaine.

Le lendemain de son arrivée à Berne, M. Dorlhiac, ayant dû quitter cette ville pour la journée, me laissait le billet suivant: « Il « faut annoncer le départ de demain à de Villarson, à Lausanne et à « Genève. J'ai lettre de lui; tout va bien. »

J'exécutai cet ordre que, d'ailleurs, j'avais observé à chaque expédition; car j'avais été prévenu que M. de Villarson restait chargé de contrôler le passage des chevaux à Bellegarde, sur le vu des notes d'expédition que je lui faisais et que je n'ai jamais manqué de lui faire parvenir.

---

[1] Quivogne. Buffet gare de Berne.

Visée-Urgence. Pars ce soir avec nécessaire pour tout terminer. Activez et avisez tout.

Après l'expédition des 97 chevaux, du 6 janvier au matin, et lorsque tout était prêt, même les wagons, pour la dernière expédition, sauf *quatorze* chevaux, qu'il me restait à recevoir et à immatriculer, et que je me réservais d'accompagner à mon départ, je recevais le même jour, à 8 heures du soir, une dépêche ainsi conçue :

Préfet du Rhône à Quivogne.

Suspendez *tout achat et tout nouvel envoi de chevaux. Cet ordre est de la dernière rigueur.*

Je m'empressai de communiquer cette dépêche à M. Dorlhiac, délégué du Préfet, qui avait reçu M. Dorlhiac trois jours avant dans son cabinet, sans lui faire d'observations sur la qualité des chevaux livrés et, cela, au moment même où M. Challemel-Lacour faisait remettre à son délégué, le montant du solde des chevaux déjà livrés et à livrer.

M. le délégué du Préfet fût tant aussi étonné que moi de cette nouvelle décision, de laquelle il ne se trouvait nullement prévenu.

On m'ordonnait de suspendre et je suspendis tout, après en avoir prévenu l'administration, par la dépêche suivante adressée, le même jour, à 10 heures du soir. « Achats terminés. Dernier convoi devait « partir demain. Wagons retenus. Après ordres reçus, fait suspendre « départ et attend nouvelles explications. »

C'est à ce moment que commence le silence de l'administration du département du Rhône vis-à-vis de moi.

Rien ne fût répondu à cette dernière dépêche, cependant impérative.

Pareil système fut appliqué à la seconde dépêche que j'adressais le 14, à 9 heures du soir, à la même administration, et conçue en ces termes : « Attends toujours ordres, Vendeurs veulent faire procès. Je « demande réponse. »

Même silence !

Enfin, à bout de patience, préoccupé de mes affaires en souffrance et des angoisses de ma famille, que j'avais renvoyée à Lyon ; épuisé par des fatigues que je croyais avoir vaillamment surmontées ; brisé par la situation poignante qui m'était faite, j'appris, enfin, par des voix amies, qui savent ce que je suis et ce que j'ai toujours été, que des accusations odieuses étaient publiquement formulées à Lyon, contre moi ; et cela, sous le couvert d'une administration qui ne m'avait et ne m'a jamais adressé aucune reproche ; qui, seule, pouvait me relever des fonctions qu'elle m'avait confiées, et qui, à mes demandes réitérées, n'a su et voulu garder qu'un silence aussi outrageant que coupable !

C'en était trop ! Les calomnies basses et jalouses de quelques personnalités que je démasquerai dans un instant, jointes à la conduite inqualifiable de l'administration du département du Rhône, vis-à-vis de moi, venaient d'accomplir ce que les fatigues physiques et les préoccupations morales n'avaient pu faire. Je ressentis alors les atteintes d'une affection aux attaques de laquelle je ne croyais plus !

Pas un centime ne m'avait été offert par cette bienveillante et généreuse administration départementale du Rhône, au moment de mon départ de Lyon ; pas un centime ne me fût offert, par elle, pendant mon séjour à Berne, qui a dû s'effectuer et qui se continue avec mes propres ressources.

En face d'un pareil état de choses, et surpris par la maladie, je dus faire immédiatement revenir ma famille, dont les secours de tous genres m'étaient indispensables.

C'est au milieu d'elle, entouré de ses soins et de ses consolations, que je trouve le courage d'écrire ces lignes ; et que j'adressais, le 24 courant, une nouvelle lettre à M. le préfet du Rhône.

Cette lettre avait pour but de lui signaler les lâches et viles manœuvres ourdies contre moi, sous le couvert de son autorité. Après avoir protesté de toute l'énergie de ma conscience d'honnête homme profondément indignée, je terminais ainsi :

« C'est la voix d'un homme jaloux de son honneur et publiquement outragé qui vous parle, M. le Préfet. J'espère que vous l'écouterez, malgré l'âpre franchise que provoque son indignation. Elle n'a jamais été, cette voix, que l'écho fidèle d'une vie modeste, mais publiquement remplie et sans souillures !

« C'est une voix que mes adversaires connaissent ; car depuis vingt ans, elle n'a cessé de lutter pour sa foi républicaine et de protester hautement contre le sinistre régime que mes honnêtes accusateurs flattaient alors et qui payait leurs services ! »

Ce cri de douleur du citoyen ne fût pas plus écouté que les réclamations pressantes du délégué. Pas de réponse ! Silence complet jusqu'au moment où j'écris ces lignes ! ! !

Ah, lorsqu'une des plus puissantes administrations départementales de la République se rit, se joue et . . . **s'amuse** à ce point de l'honneur, de l'avenir, de l'indignation et des angoisses d'un honnête homme auquel elle a demandé, elle-même, de vouloir bien accepter pareille tâche, il ne reste plus à qui a du cœur et à qui comprend sa dignité de citoyen, qu'a s'adresser au public, notre véritable maître; qui doit être, qui est et qui surtout sera, je l'espère, notre juge à tous !

C'est ce que je fais aujourd'hui, longuement peut-être, mais en suppliant le lecteur de m'accompagner jusqu'au bout.

Je n'ai plus qu'à résumer, en quelques lignes et par des chiffres, le résultat de mes opérations. De cette façon, tous les actes de ma mission à Berne seront exposés avec détail; et, malgré l'abus que j'aurai fait de la patience du lecteur, il sera, je l'espère, sous ce rapport, suffisamment édifié.

Le 6 janvier dernier, à 6 heures du soir, j'avais accepté et immatriculé **neuf cent quatre-vingt-six** chevaux, dont l'âge, le sexe, le signalement, l'aptitude et le n° matricule sont soigneusement inscrits sur un carnet spécial. Je n'ai accepté ces 986 chevaux qu'après en avoir refusé 150 au moins, et, dans tous les cas, **cent onze** après visite d'examen.

Au point de vue du sexe, ce chiffre de 986 se décompose ainsi :

Juments : 491; et *chevaux :* 495.

Relativement à l'âge, voici la proportion de ces chevaux :

Chevaux	de 4 ans et demi	42.
„	de 5 et 6 ans	161.
„	de 7 et 8 ans	351.
„	de 9 ans	179.
„	de 10 ans	176.
„	d'âge au-dessus	77.

Ce qui donne bien le total exact de 986, et chiffres qui établissent d'une manière indiscutable que, sous ce premier rapport, il n'était pas possible de procéder dans de meilleures conditions. Si quelqu'un a osé fournir d'autres renseignements et d'autres chiffres que ceux ci-dessus, je dis hautement à celui-là, quel qu'il soit : qu'il a menti !

Quelques chevaux acceptés présentent des tares plus ou moins insignifiantes; mais, dans tous les cas, ne portant pas préjudice au service de l'animal qui, d'ailleurs, n'était alors reçu qu'à la condition de présenter dans ses formes et ses aptitudes des qualités exceptionnelles. Ce sont les N°s 4, 20, 22, 61, 70, 331, 338, 339, 341, 480, 559, 587, 601, 693, 751, 827, 874.

Je sais que le sieur Rey, légionnaire de l'Empire, a dit et répandu partout, à Lyon, que j'avais accepté des chevaux aveugles! Le sieur Rey *en a menti! Mille fois menti!*

Je le défie de présenter un seul cheval aveugle parmi ceux que j'ai expédiés; à moins, cependant, qu'il n'en ait aveuglé lui-même, ce dont je crois sa basse jalousie et ses haines de vieille date, parfaitement à même de lui inspirer contre moi.

Afin de bien établir, ici, que rien de ma part n'a été fait, dans le cours de mes opérations, sans la plus scrupuleuse attention; et que toutes mes décisions n'ont été prises qu'après sérieux et mûr examen, tout en ne relevaut que de ma conscience, je signalerai encore à mes accusateurs : les N°s 80 et 977, affectés d'éparvins, mais sans boiterie; le N° 532, âgé de cinq ans, qui présente un hygroma du genou gauche et sans boiterie; le N° 563, qui a la hanche droite légèrement affaissée, sans boiterie, et cheval d'une très belle conformation; les N°s 663 et 792, dont les dents sont contremarquées; et, enfin, quelques sujets, présentant une usure des dents incisives: fait fréquent sur les chevaux de ces contrées, et qui résulte du mode d'attelage, à deux et avec des chainettes, que les animaux mordent constamment pendant le repos. Je cite ce fait pour l'édification personnelle du professeur Rey, qui pourra en faire son profit, lorsque la République, qui depuis plusieurs mois le *paye* et le *loge*, pour faire le beau métier que je connais, lui permettra de reprendre les éloquentes leçons que tous ses élèves savent si bien apprécier, depuis près de 40 ans qu'il remâche et qu'il zézaille un enseignement ante-diluvien, qui suffit à son bonheur et, surtout, à ses études.

Voilà mes actes et voilà les faits, dans toute leur simplicité, qui les ont accompagnés. Voilà ce que j'offrais de dire à l'administration; voilà ce qu'elle aurait dû me demander, et ce qu'elle n'a pas voulu savoir.

Ma mission ici était parfaitement limitée. Je ne devais, et je me suis scrupuleusement appliqué, à ne m'occuper en aucune façon des questions d'argent, c'est-à-dire de la question d'affaire. Ma tâche était purement et toute médicale; elle ne relevait que de ma conscience; et ce n'est que ma conscience qui en a inspiré l'accomplissement. Quelles que soient les intrigues organisées contre moi, je défie que l'on puisse, *honnêtement*, transformer une situation aussi nette et aussi simple que la mienne, en un vil maquignonnage, que l'un de mes dénonciateurs aurait parfaitement accepté, ainsi que je le prouverai tout à l'heure; et que l'autre brûle du regret de n'avoir pu pratiquer. Je défie toutes les puissances administratives; je défie tous mes dénonciateurs d'apporter une seule preuve, un seul fait à l'appui de leurs dénonciations !

Aprés avoir établi de quelle façon et dans quelles conditions j'ai rempli mon devoir, examinons comment et dans quelles conditions d'autres ont entendu et compris le leur..

Je sais, en partie du moins, par des renseignements particuliers et même par des journaux Suisses, comment ont été reçus et dans quelle situation les chevaux expédiés de Berne se sont trouvés à leur arrivée à Lyon.

Avec une prévoyance qui mérite d'être signalée, l'administration départementale avait conclu un marché de mille chevaux sans savoir où et comment elle logerait et nourrirait ces mille chevaux. La chose en valait la peine cependant; car, pas une personne n'ignore de combien de soins et de précautions hygiéniques il est indispensable d'entourer le cheval, si on ne veut, en quelques jours, le voir perdre la plus grande partie de sa valeur. De tous les animaux domestiques, celui-ci est certainement le plus susceptible à la non-observation des lois de l'hygiène et de l'entretien. Mais l'administation et ses agents s'inquiètent, à ce qu'il paraît, fort peu de l'une et de l'autre.

Après vingt-quatre heures de voyage en chemin de fer, que comportait le transport de Berne à Lyon, et qui devait s'effectuer, la plupart du temps, après de très-longues courses pour les rendre à Berne, ces malheureuses bêtes, je le sais, n'arrivaient à Lyon que pour errer, en wagons vachères du moins, dans nos gares, pendant des journées et même des nuits entières, sans secours, sans soins, sans aliments et même sans aucun aide pour les sortir de leurs étroites prisons. Lorsque cette sortie pouvait enfin s'effectuer, il fallait ensuite rechercher et discuter l'abri qui allait leur être destiné. Une fois l'habitation trouvée, nouvelles recherches et nouvelles discussions pour découvrir et obtenir les rations nécessaires, qui n'arrivaient qu'avec peine et avec parcimonie. On faisait circuler le tout, des casernes de la Part Dieu aux écuries de Compagnie Lyonnaise; et même, m'asure-t-on, à la grande galerie de l'Exposition du parc de la Tête d'or qui, soit dit en passant, par le temps rigoureux qu'il faisait alors, était un local très-intelligemment choisi pour la circonstance. Pendant toutes ces stations inconcevables, et en attendant le résultat de toutes ces courses et discussions plus inconcevables encore, ces malheureux chevaux continuaient leurs jeûnes de tous genres, et attendaient des rations qui n'arrivaient pas ou qui arrivaient mal.

Le public lyonnais s'était ému d'un pareil état de choses et d'une aussi immense incurie. Les journaux locaux en parlèrent ; et c'est alors, si mes renseignements sont exacts, que l'administration éprouva le besoin de créer deux sinécures nouvelles : 1° *Un Colonel de remontes :* M. Crensoz de Cottens, me dit-on ; puis, 2° *Un vétérinaire* (de remontes aussi probablement), le sieur Rey, professeur à l'école vétérinaire de Lyon.

Je ne veux pas m'occuper, ici, de M. le colonel Crensoz de Cottens. Je demanderai, seulement, si ce colonel est bien le même Crensoz de Cottens, d'origine suisse (du village de Cottens, canton de Vaud) auquel Bonaparte, troisième du nom, et de sinistre mémoire, faisait une concession aussi importante que grâcieuse, en 1856, dans notre colonie Algérienne: (concession du Sétif)? Si oui, je me réserverai d'en reparler plus tard s'il le faut; et je me contenterai simplement, aujourd'hui, de constater le bonheur que doivent éprouver les démocrates sincères, lorsqu'ils voient la République accepter les services de ceux qui, hier encore, étaient les bénéficiaires des largesses impériales. Si non, je passe outre; et j'arrive de suite au second personnage.

Le professeur Rey n'a été gratifié, que je sache, d'aucune concession Algérienne, ni au Sétif, ni ailleurs. Il est tout *simplement* (1) professeur à l'Ecole vétérinaire de Lyon; et quoiqu'il n'en soit pas tout-à-fait le plus bel ornement, il n'en occupe pas moins sa chaire depuis plus de trente ans, toujours en discorde avec quelques-uns de ses collègues d'enseignement, et en guerre perpétuelle avec les vétérinaires de Lyon qui l'environnent. Car, il faut dire ce que chacun sait, c'est que ce Monsieur a toujours tenu à joindre les bénéfices d'une clientèle civile, aux agréments d'une position parfaitement et largement rétribuée. Et il n'a reculé devant rien pour atteindre ce but, pas

(1) Je n'emploie cette expression, que par opposition à la prétentieuse manie qu'a le professeur Rey, de *se faire* et, surtout, de *se laisser* appeler Directeur de l'Ecole vétérinaire de Lyon. Je suis convaincu que mes anciens maîtres saisiront parfaitement cette nuance. Et, *le vrai Directeur* de l'Ecole : M. Rodet, aussi bien que ses collègues, ne manqueront pas de sourire à cette allusion, que je retirerais de suite, s'ils devaient y rencontrer quelque chose de blessant pour eux.

même devant les ressources que lui offre l'établissement dans lequel il se trouve, et que nous payons tous, pour que le public puisse en jouir *gratuitement.*

Pendant vingt ans, il consentît, comme tant d'autres, hélas! à fléchir le genou devant l'Empire, qui le payait, et qui, un beau jour, — que les connaissances du brâve professeur n'oublient jamais aux heures de gaîté — le récompensa du droit d'attacher un morceau de ruban rouge, entre la première et la troisième boutonnière de *tous* les vêtements qu'il lui plairait d'endosser.

Jamais personne, pas même le titulaire, ne connût le motif de cette Impériale distinction. Ce fùt un de ces secrets insondables, mais qui font toujours rire, et qui, dans cet ordre de choses, ne pouvaient manquer de disparaître avec le sinistre régime qui les provoquait.

Au point de vue des affaires, qui sont, pour de sérieux motifs, la grande préoccupation du professeur Rey, l'Empire fît, certainement, tout ce qu'il pût pour lui. La justice de l'époque s'occupa même de sa situation, jusqu'à donner l'ordre, à tous les juges de paix de Lyon, de ne jamais désigner d'autres experts que le professeur Rey, dans toutes les affaires commerciales en marchés de chevaux, qui pourraient leur être soumises. Le tribunal de commerce de Lyon suivit les mêmes errements, sauf quelques rares et honorables exceptions de juges, que je pourrais citer. Sous ce rapport, le professeur Rey a tout absorbé depuis plus de trente ans. Et mes collégues de Lyon témoigneront de la vérité des faits que j'avance ici.

Mais ce n'était pas assez pour sa gloire et.... ses besoins. Toutes les réputations naissantes, ayant quelques chances de succès, lui portaient ombrage. Je fus du nombre. Et depuis dix ans, il essaye, vainement, il est vrai, de me le faire sentir. Depuis dix ans, jai été calomnié et insulté sournoisement par lui. J'ai relevé, à certains moments, qu'il n'a sans doute pas oubliés, et les unes et les autres: publiquement, devant ses propres élèves, comme elles méritaient de l'être.

Son courage n'alla pas, alors, au-delà du cabinet du Procureur *impérial,* qui reçut sa plainte par une mercuriale qu'il n'a sans doute pas oubliée non plus. Je m'attends à le voir suivre le même voie aujourd'hui. Il m'y rencontrera certainement; car j'espère bien l'y précéder. Et nous verrons, alors, le cas que le Procureur *de la République* fera de l'une et de l'autre plainte.

Voilà l'homme que l'administration départementale du Rhône a choisi comme conseillier dans une affaire à laquelle je me trouvais mêlé par elle.

C'est dire la joie qu'a dû éprouver ce grand citoyen lorsqu'il s'est vu à même d'empoigner enfin, et en son absence, la proie qu'il convoitait depuis si longtemps de pouvoir dévorer. Cette proie, c'était moi.

Si je suis bien renseigné, l'administration ne lui donna d'ordres que vers les premiers jours de Janvier : le 2 ou le 3 ; et encore ne lui demandait-elle, alors, que de constater, *seulement*, dans quel état hygiénique se trouvaient les chevaux expédiés de Berne. Cet ordre ne pouvait satisfaire aux vues du Sieur Rey ; mais il l'accepta quand-même, car il savait quel parti il saurait tirer de son arme habituelle : la calomnie ! Je connais tellement mon homme que, sans être renseigné officiellement sur ce point, je vais raconter ce qu'il fit dans cette circonstance. Il visita les écuries et tacha de s'y rencontrer avec M. le colonel de remontes, auquel il s'empressa, j'en suis sûr, de prodiguer les adulations et les courbettes qu'il promène depuis tant d'années, à travers toutes les antichambres, toutes les écuries et tous les chenils des fonctionnaires de l'Empire.

Il se hâta de venir rendre compte, *lui-même*, de sa mission à M. le Préfet du Rhône, auquel il dût annoncer qu'il n'y avait rien ou peu de choses à dire, sur l'hygiène des écuries visitées; *mais! mais!* que les chevaux expédiés étaient très mal choisis! Et d'une valeur excessiment moindre de celle qui était payée. !

En face d'une pareille déclaration, le Préfet ne connaissant par son délégué, dût entrer dans une sainte fureur, que l'aimable professeur ne manqua pas d'attiser. Décision dût être prise, immédiatement, de faire estimer, de suite, tous les chevaux expédiés de Berne. C'est ce que l'honnête citoyen Rey attendait; et, connaissant les moyens jésuitiques qui lui sont habituels, je suis convaincu qu'il s'empressa de décliner, à lui seul, la responsabilité qui lui était offerte. — Il dût même, comme il le fit d'ailleurs par devant M. le colonel de remontes, (et j'en ai la preuve en mains), déclarer à M. le préfet, que ses délégués étaient des vétérinaires *instruits*, *parfaitement compétents*, et **sachant très bien ce qu'ils faisaient**, en expédiant les sus-dits chevaux.

Le Préfet dût, alors, adresser au loyal professeur, l'observation que lui fit M. le colonel de remontes dans le même cas : Mais, alors, ce sont des C . . . . . . ? (On ne m'a transmis que la première lettre du mot, qui n'en est pas moins insultant, qu'elle que soit la ffnale que l'on veuille lui donner). Comme au colonel, le sieur Rey ne dût répondre à cette demande du Préfet, que par un sourire satanique, que lui seul connait, et un soulèvement d'épaules, ne disant rien, mais signifiant tout.

Oui! Oui! ces délégués sont des C . . . . . *Coquins* ou *Canailles* à mon choix!

Telle devait être, pour vous, M. le Préfet, la véritable signification de la danse du ventre et des épaules, à laquelle vous à fait assister ce Basile en habit noir?

Et c'est aux déclarations de cet homme qu'il faudra me soumettre! Et c'est parce qu'il viendra dire que des chevaux acceptés par moi, pour le prix de 530 fr. rendus à Bellegarde, ne valent réellement que 342 ou 352 fr. (car on me signale plusieurs chiffres); c'est pour cela, dis-je, que je resterai confondu, flétri! Et que je passerai aux yeux de mes concytoyens pour un Coquin ou une Canaille!

C'est sur de pareilles déclarations que je me verrai dénoncé à la justice de mon pays, lorsque les vrais coupables, et le sieur Rey est du nombre, promènent la tête haute, leur impudence et leurs lâches calomnies!

Allons donc! Pour qui a du cœur la chose est impossible!

Mais le rôle du professeur Rey, ne devait pas s'arrêter là. Je l'avais prévu et annoncé, d'ailleurs, à la première nouvelle qui me parvînt, ici, de la mission qui lui avait été donnée.

Choisir le moment même, ou des chevaux étaient épuisés par les privations de tous genres qu'ils avaient dû supporter, et que j'ai signalées plus haut, pour en faire l'estimation; procéder à cette opération, malhonnête, sans avertir l'administration qui le déléguait, des conditions anormales, dans lesquelles ces chevaux se trouvaient; bâser cette estimation sur des valeurs que le sieur Rey ne pouvaient connaître, car je savais, d'un des délégués du Préfet, qu'une partie des premiers chevaux expédiés étaient déjà sortis de Lyon, avec les légions de marche; tout cela, tous ces actes inqualifiables ne pouvaient suffire aux machinations combinées, contre moi seul, par cet honorable légionnaire de l'Empire. Il lui fallait plus que tout cela; et il a fait plus que tout cela!

Les estimations dériroires qu'il pouvait avoir faites, en se couvrant prudemment, me dit-on, du nom de personnes que je ne connais pas et desquelles je ne m'occupe pas, n'atteignaient pas suffisamment son but. Il lui fallait déclarer que ces chevaux étaient **incapables de remplir aucun service**! Il fallait, en un mot, les réformer, les mettre en vente; et cela, dans un moment où, depuis plusieurs mois, les chevaux, à Lyon, sont à peu près de nulle valeur! Mais, dans un moment, qui ne convenait que mieux, bien entendu, aux manœuvres de ce sinistre intrigant.

Ces chevaux, m'affirment-on, ont été mis à l'encan; et je voudrais avoir pu constater, moi-même, dans quel état de délâbrement ils ont dû être présentés. J'ignore quel prix ils ont été vendus; mais ce qui m'étonnerait, dans les conditions spéciales faites, à Lyon, aux propriétaires de chevaux, c'est qu'on eut vendu ceux-ci, plus que la valeur de la peau.

Et l'Administration du département du Rhône n'a pas ouvert les yeux! Et elle n'a pas compris que rien n'arrêtait l'intrigue infâme à laquelle elle prêtait si bénévolement la main!

Et c'est au moment même où la France anxieuse avait les yeux tournés vers l'armée de l'Est! C'est au moment où les chefs de corps de cette armée réclamaient, partout, *même dans le Rhône*, des secours en chevaux et en véhicules de toutes sortes! C'est alors que des légions de marche restaient immobiles, *faute de chevaux!* C'est à cette heure suprême où des secours nous auraient sauvés, peut-être, des désastres qui nous frappent! C'est à ce moment; c'est à cet instant, qu'il s'est trouvé un homme assez lâche pour commettre un pareil acte contre sa patrie, et une administration assez aveugle pour le laisser se consommer!

Mais, plus rien ne vibre donc en vous, professeur Rey! Les besoins de la patrie agonisante, n'ont donc pu faire fléchir les sentiments de haine et de vengeance qui vous inspirent? Mais ces chevaux, que vous avez ordonné de vendre — quel que soit l'état dans lequel on ait pu lès réduire — étaient, du moins encore susceptibles, vous n'oseriez le nier, de rendre quelques services et de porter quelques secours: des vivres, du pain, des vêtements, des cartouches, à nos soldats, qui souffrent toutes les misères et qui meurent de privations dans les montagnes du Doubs et du Jura, pendant que les pieds au chaud et logé aux frais de la République, vous savourez votre vengeance!

Ah! vous l'avez cherché et vous la supporterez seul, cette responsabilité, de laquelle nous vous demanderons compte un jour! Ne l'oubliez pas, professeur Rey!

Mais je m'arrête ici; car le dégout me prend à discuter plus longtemps une personnalité et des actes pour lesquels je ne puis avoir et n'ai, que le plus profond mépris.

Allons! allons! professeur aussi savant qu'intégre! Rentrez d'où vous êtes sorti et où il eut été préférable pour vous, de rester. Ce n'est, ni avec des decrets, ni avec des arrêtés, même préfectoraux, qu'il vous sera permis, du jour au lendemain, de venir vous poser en **justicier** des honnêtes gens.

C'est un samedi que j'écris ces lignes. Et ce jour me fait penser que Charabaras vous attend et que le Baccarat vous appelle. Les maquignons sont inquiets, et les joueurs s'impatientent! Retournez à ce double théâtre qui doit suffire à vos exploits. Le nouveeu rôle que vous vene d'accepter ne saurait vous convenir; car vous n'êtes pas de taille à le remplir.

Laissez les honnêtes gens poursuivre leur tâche; et vous, Monsieur, vous, retournez à la vôtre!

Mes forces faiblissent. Mais le travail que je me suis imposé touche à sa fin; car il ne me reste plus qu'à m'occuper d'un homme qui après avoir joué un rôle actif, à côté de moi, pour la réception d'une partie des mille chevaux, a eu le triste courage d'en accepter un autre, dans les rangs de ceux qui m'accusent. Cet homme, c'est M. Fournier, vétérinaire à Lyon, délégué, lui aussi, pour accompltr la tâche que le lecteur connait à présent.

Par tempérament et par caractère, j'aime à rencontrer un adversaire, un ennemi franchement déterminé; qui ne cache ni ses actes, ni la haine qui les inspire. Ce genre de lutte ne me déplait pas; et les quelques pages qui précédent en sont la preuve. Mais lorsque je me trouve en face d'un homme qui s'affuble du manteau d'Escobar et du chapeau de Basile; qui n'oppose à mon regard fixe et sévère qu'un regard oblique et louche; lorsque je réfléchis que, pendant dix jours, ce même homme à vécu avec moi, m'entourant de témoignages d'amitié et de sympathie toute confraternelle; lorsque je pense que la main qui écrit ces lignes a été chaleureusement serrée par la sienne; lorsque j'ai vu tout cela et que, surtout, dans ma naïve loyauté, j'ai crû à tout cela, mon esprit ne peut que rester confondu en face de tant de fiel mêlé à tant d'infamie !

J'ai toujours eu une répulsion instinctive et insurmontable pour tout ce qui rampe : bêtes et gens. Toute cette partie de l'animalité me provoque le plus profond dégout. Ses allures me crispent ; sa bave m'écœure, elle me donne froid : je n'ose y toucher !

Avec un ennemi ouvertement méchant, et bête, mon procédé est simple : J'agis avec lui absolument comme avec les chats qui ne connaissent pas la politesse. Je le soufflette ; je lui fourre le nez dans ses ordures et je le laisse se débarbouiller tout seul. C'est ce que j'ai fait il n'y a qu'un instant.

Mais dans le cas qui m'est particulier avec le très honorable citoyen Fournier, la répulsion prend le dessus ; le froid me gagne et le dégout me prend. Je voudrais pour tout au monde lui laisser digérer tranquillement sa honte ; mais le situation qui m'est faite n'admet plus le silence.

Donc, et après avoir pris les précautions d'usage, je vais procéder à mon autopsie.

Depuis huit années bientôt que j'habite Lyon, dans le quartier même de M. Fournier, jamais aucun rapport ne s'était établi entre nous. Il s'occupait peut être plus de mon arrivée que je ne m'inquiétais de sa présence ; mais, pour ce qui me concerne, je professais vis-à-vis de lui, et en toute circonstance, la plus parfaite indifférence.

Des circonstances récentes nous rapprochèrent. Ayant vu figurer le nom de ce monsieur, parmi les membres du Comité de Salut public institué, le 4 septembre, à l'Hôtel-de-ville, je fus heureux de saisir l'occasion qui me permît de le féliciter sur des principes républicains, que je ne lui connaissais pas, et qui avaient, d'ailleurs, plus étonnés encore ses propres amis que moi-même.

Sans m'inquiéter de la question de savoir si c'était en *descendant* de l'Hôtel de ville, ou en y *montant,* que M. Fournier s'était trouvé mêlé au groupe d'hommes courageux qui, le 4 Septembre, répondirent à la première pulsation de la France Républicaine, je fus heureux de tendre la main, non seulement à un confrère, mais à un adepte politique que j'avais méconnu.

C'est dans cette disposition d'esprit de ma part, que je me rendis à la séance du Comité d'Artillerie départementale, à laquelle M. Fournier se trouvait aussi convoqué.

J'ai fait le récit détaillé de ces séances. au début de ce rapport. Je n'ai donc pas à y revenir. Je rappellerai, seulement, que M. Fournier n'assista qu'à la seconde séance, dans laquelle Messieurs du Comité décidèrent les *prix* et *conditions* du marché de mille chevaux qu'ils avaient l'intention de traiter à Berne, au moment même où M. le Préfet du Rhône y envoyait des délégués pour la même affaire,

M. Fournier, je l'ai déjà dit, n'assistait pas à la séance du mardi, 13 Décembre, pour laquelle, cependant, rendez-vous avait été pris la veille. Il n'était donc pas avec moi, à la dernière entrevue que j'eus avec le Secrétaire général; et il ignorait complètement l'ordre de départ, qui nous fût donné ce jour là, et que je pris la peine de lui transmettre moi-même. Ou était-il?

Je vais le dire, d'après le propre récit qu'il m'a fait lui-même à son arrivée à Berne.

Il était en Suisse, dans le canton de Vaud. C'était son droit. Mais qu'y faisait-il? En homme d'affaires consommé, moins naïf et moins.... bête que moi, ce monsieur, une fois instruit des projets du Comité d'Artillerie et, *surtout, des prix établis* par ce Comité, pour l'achat des chevaux, s'était empressé de se rendre dans le canton de Vaud, afin d'y voir et de s'entendre avec certains marchands de chevaux, de ses bons amis — ce que je ne conteste nullement — pour **enmancher** — c'est son mot — cette affaire importante, qu'il lui était désagréable de voir conclure ailleurs.

Voilà ce que faisait M. Fournier, à l'insu de tout le monde. Voilà pourquoi je fus obligé de partir seul; voilà le noble début d'une mission qui devait si noblement finir.

C'est dans cette situation d'esprit que M. Fournier arriva à Berne. Il ignorait complètement s'il s'y rendait dans les conditions arrêtées par le Comité d'Artillerie, ou bien pour le marché conclu pas Messieurs les délégués du Préfet. Il s'y reudît quand même; et, malgré le mécontentement qu'il en ressentît, il exécuta, de suite, avec moi, les ordres qui nous étaient donnés, malgré l'entrâve que ces ordres apportaient à ses vues. Le plus complet accord ne cessa de présider à nos opérations et à nos relations continuelles, qui ne cessèrent que le 25 Décembre, jour de Noël, dans les circonstances que je crois nécessaire d'exposer.

Le 24 Décembre au soir, nous avions reçu et accepté, d'un commun accord, 347 chevaux. Le lendemain était jour qe Noël, jour de fête pour toute la Suisse, même pour nos vendeurs, qui nous demandaient ce jour de répit. J'avais reçu, dans le courant de la semaine, diverses demandes de renseignements, relativement aux objets de guerre pouvant être utiles à la défense nationale, que l'on pourrait trouver dans ces parages. Il s'agissait, surtout, de selles et de couvertures de laine. Un des vendeurs, M. Kammermann, devait se rendre, ce jour-là même, à Zurich, pour des chevaux qui lui étaient offerts; en rentrant le même jour à Berne, on ne pouvait rester que quelques heures à Zurich, mais M. Kammermann me dit, qu'il me présenterait, de suite, à une de ses connaissances, qui me renseignerait, immédiatement, sur les ressources disponibles, à Zurich, concernaut les objets que je recherchais. Il m'invita à l'accompagner; et, après avoir soumis mon projet à M. Fournier, qui, d'ailleurs, assistait et prenait part à notre entretien, il fut décidé le 24, à 10 heures du soir, que nous partirions le lendemain matin, à 5 heures. J'insistait près de M. Fournier pour lui demander si ce voyage le contrariait. Il m'affirma que non à plusieurs reprises, et tout en me plaignant sur le temps rigoureux qne j'aurais à supporter.

Nous rentrâmes dans nos chambres en nous serrant la main, et lui, en me souhaitant un bon voyage.

Je devais quitter l'hôtel à 4 1/2 heures du matin; mais je ne le fis pas sans prévenir de mon départ mon aimable confrère. Cela fait, je me rendis à la gare, où mon compagnon de route arriva quelques minutes en retard. Ne pouvant donc partir à 5 heures, nous prîmes rendez-vous pour le second train, 9 heures 25, et je rentrai, de suite, à l'hôtel, pour me remettre au lit, en attendant cette heure. Je rentrai doucement, afin de ne pas déranger une seconde fois M. Fournier. Je m'endormis vite; et je ne fus pas peu surpris d'être réveillé à 7 heures environ, par quelqu'un qui se promenait dans ma chambre. Ce quelqu'un était M. Fournier, qui parût encore plus étonné que moi de me trouver dans mon lit, alors qu'il me croyait sur la route de Zurich. Je lui expliquai l'incident de la gare et lui annonçai notre départ pour 9 heures 25. Il me quitta d'un air assez embarrassé, me souhaita de nouveau un bon voyage; puis il me dit qu'il allait faire un tour de promenade. — Idée qui me parût assez bizarre, par le temps qu'il faisait, mais à laquelle je ne m'arrêtai pas, car ces sorties du matin lui étaient habituelles; et je déclare humblement, aujourd'hui que j'étais accolé à un confrère non seulement plus habile, mais beaucoup plus matinal que moi.

Je rentrais à Berne à dix heures du soir; et c'est à ce moment que j'appris le départ, plus qu'inattendu, de M. Fournier par le train de 3 heures se dirigeant sur Lausanne. Je m'informai partout à l'hôtel, et partout il me fut répondu que mon excellentissime collègue était parti sans laisser un mot, ni une ligne m'expliquant son départ. Le portier de l'hôtel m'apprît, seulement, que M. Fournier avait sonné, vers 5 heures environ, pour donner l'ordre de préparer son départ qui devait avoir lieu par le premier train du matin: à 7 heures 35. Cet ordre fut exécuté; mais, me dit le portier, M. Fournier vînt le contremander vers 7 heures, en disant qu'il était décidé à ne partir que par le train du soir 3 heures.

Voici donc un homme qui, la veille, à 11 heures du soir, me serre chaleureusement la main, sans rien me dire de son projet; qui, le matin, a 4 heures 1/2, me reserre la même main, avec la même hypocricie; qui, à 7 heures du matin, lorsqu'il pénètre daus ma chambre, pour y faire ce que lui seul peut savoir, et au moment où il me croyait absent, me resserre encore cette main que je ne cessais de lui offrir; qui donne des ordres de départ lorsqu'il me sait absent, ordres qu'il contremande, aussitôt qu'il me voit présent, et qu'il n'exécute enfin que lorsqu'il se sait parfaitement à l'abri de mes regards.

Eh! citoyen Fournier! ma présence vous importunait donc beaucoup, pour que vous preniez tant de précautions pour l'éviter!

Quelle conduite et quels projets emportiez-vous donc avec vous, pour que vous ayez jugé à propos de mettre tant de soins à les cacher? Est-ceque mon regard gênait le vôtre? Est-ce que vous étiez fatigué de serrer, tous les jours, une main loyale qui vous était loyalement offerte? Est-ce que la société d'un honnête homme entravait vos allures et contrariait vos projets?

A vous de répondre. Mais ce que je sais c'est que vous avez lâchement abandonné uu poste que vous aviez accepté, et où le moindre sentiment du devoir devait vous retenir.

Ce que je sais, c'est que votre rentrée à Lyon a été suivie rapidement, *si ce n'est accompagnée,* de la venue des mêmes marchands de chevaux, vos amis du canton de Vaud, auxquels vous n'avez pas dû manquer de donner votre mot d'ordre, et de prendre le leur, soit à Lausanne, soit ailleurs. Vous vous êtes empressé — *d'enmancher* — comme vous me le disiez si élégamment ici, — quelque nouvelle affaire qui, sans doute, vous avait été signalée à l'horizon. Vos démarches et celles de vos acolytes en sont la preuve. On a cherché à voir et on a vu quelques membres de la Municipalité Lyonnaise, qui devaient, elle aussi, me dit-on, procéder à un achat de chevaux. En votre qualité de fruit sec du Comité de Salut public, vous avez dû vous charger de cette partie délicate de l'affaire ; et je suis convaincu que vous l'avez fait avec cette candide franchise que je vous connais aujourd'hui : c'est-à-dire sans bruit, doucement, en râsant les murs, mais toujours en affirmant que cette affaire vous importait peu et que vous ne vous en occupiez que par pur dévouement! Pendant ce temps Messieurs les Vaudois, criaient partout et très haut que les chevaux de Berne ne valaient absolument rien, et que, eux, enx! marchands Vaudois, ils s'engageient à en fournir des mille et des mille de qualités extra supérieures et à des prix beaucoup moindres, bien entendu!

Mais, à ce qu'il paraît, vos amis ont eu beau se morfondre à battre leur caisse et à répéter leur bonîment — pendant que vous, de votre côté, vous prépariez, sans doute, le prospectus en silence, — cette fameuse affaire, si bien machinée, et malgre une prolongation de séjour de vos amis à Lyon, — qui ont assisté si bruyamment au sacrifice des chevaux de Berne; — malgré tant de soins et tant de bruits, cette fameuse affaire, dis-je, n'a pas encore pu *s'enmancher* et elle ne *s'enmanchera* probablement pas.

La municipalité lyonnaise se compose fort heureusement de véritables hommes d'affaires, avec lesquels on ne joue pas facilement de pareilles comédies.

La nomination de M. Crensoz de Cottens a dû coïncider, si je ne me trompe, avec le retour de M. Fournier à Lyon et l'arrivée des marchands, ses amis. J'ignore et ne recherche pas si cette coïncidence a quelque signification dans l'affaire des chevaux de Berne ; mais une pareille inondation de Vaudois dans nos affaires locales, et à propos d'un cas tout particulier, a dû certainement frapper les esprits et donner, à tout ce bruit, sa véritable signification.

Vous avez déclaré, citoyen Fournier :

1° *Que vous n'aviez accepté, avec moi, que deux cent soixante et dix chevaux!*

Vous avez menti, citoyen Fournier. Car vous en avez accepté *trois cents quarante-sept*, dont le n° matricule, le signalement et l'âge **sont inscrits de votre propre main** sur mon carnet, que je n'ai pas abandonné et que je conserve précieusement. Vous avez menti en le déclarant à la Préfecture ; vous avez menti en le déclarant au public ; vous avez menti en le déclarant au juge d'instruction.

2° Vous avez déclaré que *des fraudes avaient été commises pendant la visite et l'acceptation des chevaux. Que des numéros avaient été supprimés et remplacés frauduleusement.*

Vous en avez encore doublement menti, citoyen Fournier. Je ne viens pas ici défendre les vendeurs, car je sais très-bien que je suis le véritable objectif de votre accusation.

Vous savez tout aussi bien que moi que nos opérations se sont faites publiquement, presqu'en plein champ, et toujours en présence d'un groupe de trente personnes au moins. Vous savez très-bien, loyal citoyen, qu'aux trois expéditions auxquelles vous avez assisté, vous vous étiez chargé, vous-même, de *controler* les numéros expédiés avant leur entrée en wagon. Si pareille infamie eut été commise, elle ne pouvait donc se consommer qu'avec votre assentiment ?

Donc, et une seconde fois, vous en avez menti !

3° *Vous déclarez, en outre, que votre départ n'a été motivé que par la mauvaise qualité des chevaux reçus.*

Pour un homme de votre habileté, permettez-moi de vous dire, citoyen Fournier, que la méchanceté vous rend bête. Je comprends l'embarras que vous avez dû éprouver lorsqu'il vous a fallu expliquer votre fuite, que je ne qualifie plus ; mais votre déclaration fait précisément votre propre procès. Vous savez parfaitement que jamais la moindre dissidence ne s'est élevée entre nous pour la réception des 347 chevaux à laquelle vous avez participé, et que tout s'est passé dans le plus parfait accord et avec la plus entière bonne foi.

Vous mentez donc encore une fois. Et pour vous sortir d'embarras, je vais indiquer les véritables causes de votre fuite.

C'est d'abord la nouvelle affaire que vous espériez *enmancher* (votre mot me plaît, je le répète) avec vos amis du Canton de Vaud, affaire sur laquelle je viens de m'expliquer plus haut.

Mais c'est surtout l'assurance que vous veniez d'acquérir qu'il ne vous était pas possible de trouver, ici, des hommes qui consentissent à prêter la main aux projets honorables que votre mission à Berne vous avait inspirés. Ce n'est pas moi qui vais parler et donner cette preuve. Ce sont deux hommes que je tiens ponr honorables, qui me la fournissent, qui me la donnent, comme ils viennent de l'affirmer de nouveau devant le représentant de la justice de leur pays. Cette preuve, je l'ai entre mains, et revêtue de toutes les affirmations d'authenticité nécessaires. Je me dispense de la transcrire ici, et je vous renvoie à M. le juge d'instruction de Lyon qui peut vous édifier à ce sujet.

Voilà, citoyen Fournier, voilà le couronnement parfaitement mérité de la mission que vous avez si noblement remplie.

Je termine là, et j'abandonne, sur ce fait, mon second justicier à ses propres réflexions et à ses remords s'il est encore susceptible d'en avoir.

Rey et Fournier! Deux hommes se détestant souverainement depuis plus de trente ans; deux hommes professant l'un pour l'autre le plus parfait mépris! Tel est le couple qui s'est formé et l'union insolite que ma mission a provoquée. Mais tels sont aussi les conseillers que l'administration a choisis, sans m'en prévenir; alors que ma tâche touchait à sa fin et que pas un reproche, pas une seule observation ne m'avaient été adressés par elle sur l'exécution de cette tâche laborieuse.

Que pouvait-il résulter de cet accouplement hétéroclite et jusqu'alors impossible? Rien de viable, évidemment; mais quelque chose de monstrueux: l'accusation dirigée contre moi, c'est-à-dire, le spectacle d'une réputation que ce couple sait inattaquable et pure, mais sur laquelle ces deux hommes sont heureux de se jeter, à la façon des bêtes fauves, pour ensuite s'en arracher les dépouilles et se dévorer entre eux, après, comme précédemment!

Ah! que mes concitoyens sachent bien que je n'ai pas eu l'intention, dans les pages qui précèdent, de venir me **défendre** contre de pareilles accusations! Le respect de moi-même et ma fierté de citoyen s'y opposent. Je les méprise trop pour leur accorder l'honneur d'une discussion. Cartouche viendrait me dénoncer comme voleur, que je rirais de la dénonciation de Cartouche; mais je me ferais un devoir de signaler les intrigues et les projets de Cartouche s'ils arrivaient à ma connaissance.

Je n'ai pas l'orgueilleuse prétention, dans les jours sombres que nous traversons, de donner à ma personnalité une importance qu'elle n'a pas. Je sais qu'elle n'est rien; et je la prends comme telle. Mais j'appartiens à une génération qui, après toutes les hontes, les trahisons auxquelles il lui a fallu assister, a le droit et le devoir de faire respecter son titre de citoyen.

C'est aux derniers bruits provoqués par l'écroulement de 1848, et alors que l'Empire avait déjà consommé son forfait contre la France et contre la République ! C'est à ce triste moment, dis-je, que j'eus le droit d'entrer dans la vie publique, et que j'y pris ma place.

N'ayant jamais rien demandé à l'Empire et n'ayant jamais non plus rien reçu de lui, je ne lui devais rien. La haine que j'avais vouée à ce régime n'avait donc sa source ni dans des ambitions déçues, ni dans des déboires d'antichambres, où jamais mon pied ne s'est posé. C'était une haine réfléchie, parfaitement raisonnée ; c'était, en un mot, une haine juste, une haine **pure**, c'est-à-dire inspirée par ces grands principes de justice et de liberté, qui ont toujours été la foi de ma vie, et que je voyais tous les jours violés et foulés aux pieds !

C'est dans ces conditions et n'ayant pour guide et pour soutien que ma foi républicaine, toujours luttant et jamais vaincu, que je traversai, la tête haute et le cœur fier, ces vingt années d'abjections, que la France paye si cher aujourd'hui ! Je parcourus toute cette période de lâches capitulations de conscience ; j'assistai aux cyniques ébats de toute la cohorte de corrupteurs et de corrompus qui nous inondaient alors, sans que jamais mon honneur et ma probité reçussent la plus moindre souillure !

Mes dénonciateurs d'aujourd'hui, auxquels un changement de gouvernement ne fait pas changer de métier, échouèrent parfaitement alors dans leurs machinations contre moi.

Mais étrange et douloureux contraste ! c'est du gouvernement de mes rêves, c'est de la République, que je devais recevoir le coup qui m'était depuis si longtemps porté, et la blessure cuisante qui m'est faite aujourd'hui !

C'est alors que, pour la première fois de ma vie, je crus devoir accepter un rôle, une tâche utiles à mon pays, et que j'eusse refusés de tout autre ; c'est à ce moment, c'est pour ce motif, que je me vois attaqué, calomnié, publiquement outragé, non-seulement par des hommes desquels je n'ai plus à parler, mais encore, et j'en reste confondu, sous les yeux et sous le couvert d'une administration qui est venue réclamer mes services ; qui m'a confié un poste que mon devoir était et est encore de ne pas quitter avant d'en être relevé par elle ; qui, jusqu'à ce jour, ne m'a pas encore offert un centime, soit pour me rendre à ce poste, soit pour m'y maintenir ; qui ne m'a pas adressé un seul reproche, une seule objection ; et qui, chose inexplicable sous un régime républicain, n'a su et voulu répondre à mes demandes réitérées, à mes protestations et à l'expression douloureuse de la situation qui m'était faite , que par le silence le plus absolu et le plus outrageant pour moi !

Pareils procédés peuvent être de mise et convenir aux allures des gouvernements despotiques. Je sais ce qne pèse et ce que vaut l'honneur d'un modeste citoyen entre de pareilles mains ! Ce n'est qu'un jeu auquel les Rois et les Empereurs **s'amusent** ! Mais ces impériales distractions ne sauraient, à l'heure où nous vivons, se passer silencieusement et sans protestations !

C'est par ce que nul n'a le droit, aujourd'hui, de remettre en pratique ces jeux d'une autre époque, que j'ai considéré comme un devoir de signaler, avec détails, la situation étrange qui m'était faite.

Sur ce, grands et nobles dénoncieteurs patentés par tous les régimes, je vous laisse en vous disant : à bientot ! et tout en vous adressant, une dernière fois, l'expression de mon plus profond mépris !

Et vous, puissante administration républicaine de la Préfecture du Rhône, je vous dis :

Merci!

Berne, 1er Février 1871.

— FIN. —

www.ingramcontent.com/pod-product-compliance
Ingram Content Group UK Ltd.
Pitfield, Milton Keynes, MK11 3LW, UK
UKHW021205230726
13926UKWH00001B/326